AF498294

RAPPORT

A S. EXC. LE MINISTRE D'ÉTAT

SUR LA COMPOSITION D'UN DICTIONNAIRE

JAPONAIS-FRANÇAIS-ANGLAIS

PAR

LÉON DE ROSNY

CHARGÉ DANS CE BUT D'UNE MISSION SCIENTIFIQUE PAR SON EXC. LE MINISTRE
DE L'INSTRUCTION PUBLIQUE ET DES CULTES

PUBLIÉ PAR AUTORISATION DE S. EXC. LE MINISTRE D'ÉTAT

PARIS

MAISONNEUVE ET Cⁱᵉ, LIBRAIRE-ÉDITEUR
15, QUAI VOLTAIRE, — A LA TOUR DE BABEL

1862

LES DOCUMENTS JAPONAIS

DES BIBLIOTHÈQUES DE LONDRES ET D'OXFORD

Rapport à Son Excellence le Ministre d'État sur une mission scientifique en Angleterre, dans l'intérêt des études japonaises, et « pour la publication d'un Dictionnaire japonais-français-anglais » [1].

Monsieur le Ministre,

Par arrêté du 6 septembre 1858, M. le Ministre de l'Instruction publique a bien voulu me charger d'une Mission scientifique ayant pour but de rechercher en Angleterre les documents japonais susceptibles de nous fournir des renseignements nouveaux sur l'Archipel du Japon, et principalement ceux qui étaient de nature à contribuer à la rédaction d'un *Dictionnaire japonais-français-anglais*, d'après les sources originales.

Je me suis empressé de me rendre à son honorable invitation ; et, à deux reprises différentes, j'ai compulsé, avec tout le soin nécessaire, les documents importants qui étaient de nature à m'éclairer, et que renfermaient à Londres, les dépôts du British Museum, de l'Asiatic Society, de l'East-India-Company's House, du King's College, et à Oxford, la célèbre Bibliothèque Bodleienne.

Depuis mon retour en France, je me suis occupé à mettre en ordre les nombreux matériaux que j'ai recueillis. Aujourd'hui que ce travail touche à sa fin, je vais essayer de vous faire connaître brièvement quelles sont les sources auxquelles j'ai pu recourir, et quels sont en résumé les résultats de la Mission qui m'a été confiée.

Les Dictionnaires japonais, publiés au Japon, sont ordi-

---

[1] Imprimé avec autorisation de S. Exc. le Ministre d'Etat.

nairement bilingues, c'est-à-dire japonais-chinois. Ceux que j'ai eus entre les mains, au Musée britannique, sont de ce genre. Disposés suivant l'ordre du syllabaire japonais ou *i-ro-fa*, ils sont destinés avant tout à rappeler aux insulaires les signes de l'écriture idéographique de la Chine qui répondent aux mots de leur langue. Le chinois écrit, jouant un rôle considérable dans la littérature du Japon, on comprend combien il est utile aux écrivains indigènes de trouver dans leurs Lexiques les équivalents des mots et des locutions des deux langues ; et cela, d'autant plus qu'un lettré habile doit savoir employer à propos une foule d'expressions qui, dans les livres du Céleste-Empire, ont acquis une notoriété historique.

Dans toutes les littératures, en effet, il est une certaine érudition littéraire qui fournit à l'écrivain les moyens de faire valoir, en termes heureux, son talent et ses connaissances. Au Japon, comme en Chine, cette érudition est peut-être plus indispensable que partout ailleurs, et nulle part elle n'est autant appréciée. L'histoire du Japon, remontant à 2,400 ans au moins derrière nous, et celle de la Chine à plus de 2,600 ans avant notre ère, il est évident que, dans ces contrées, l'érudition locale est extrêmement étendue et que peu de mémoires suffisent pour en contenir les données importantes. C'est là ce qui a motivé la rédaction de vastes lexiques dans lesquels on a condensé le matériel immense de l'érudition sinico-japonaise.

De la sorte, les dictionnaires japonais-chinois renferment non-seulement les locutions habituelles du langage, mais encore des notices historiques sur les hommes et sur les choses. On y trouve, très-brièvement il est vrai, les biographies des personnages qui ont joué un rôle mémorable en Chine et au Japon, tant dans la vie séculière que dans la vie religieuse. Les édifices du culte, les pagodes, les couvents célèbres y sont l'objet de mentions particulières, et il n'y a pas jusqu'aux principaux monuments littéraires à qui on n'ait accordé une notice dans ces lexiques.

Je ne doute pas qu'il existe au Japon, comme en Chine, des ouvrages spécialement consacrés à la biographie des indigènes; mais jusqu'à présent je n'en ai pas découvert. De tels ouvrages eussent eu d'autant plus d'intérêt, que pour nous guider dans l'étude de la littérature japonaise, il ne serait pas inutile de connaître d'abord les noms et l'histoire de la vie des auteurs les plus célèbres dans chaque genre. Un ouvrage cependant, que j'ai rencontré au Musée britannique, et qui porte le titre de 百人一首 *Fyak-nin its-zyou* [1], littéralement : « [Ouvrage renfermant] une pièce de vers des cent poëtes », nous fournit une précieuse nomenclature des favoris du Parnasse japonais. J'ai relevé la liste complète de ces noms écrits en caractères extrêmement cursifs, afin de les intercaler au besoin dans mon dictionnaire. Quant aux pièces de poésies que renferme le volume en question, elles se composent ordinairement d'une ou de deux sentences qui ressemblent assez à un quatrain ou à autre petite pièce du même ordre. Le genre descriptif y domine, mais ce genre, loin d'exclure les pensées ingénieuses et profondes, met en relief celles qui peuvent saisir l'imagination à la vue de la grande nature. La plupart de ces pièces respirent une sorte d'insouciance et de mélancolie qui, autant que j'en puis juger jusqu'à présent, doit être un des caractères particuliers de la poésie japonaise. Une autre obser-

---

[1] Le titre de ce livre, bien qu'en caractères chinois, a été interprété d'une manière singulière dans un catalogue manuscrit par Overmeer Fischer et H. Medhurst. Au lieu de « Pièces de vers des cent poëtes du Japon », ce titre a été traduit par : « Une tête pour cent hommes (*one head for a hundred men*), a book for instruction (!) » Il n'a pas été mieux compris par ceux qui ont inscrit, avec l'aide d'un indigène, la traduction suivante sur l'exemplaire du Musée britannique : « Book of ancient dresses (Livre de vieux habits !); examined by Mr Bewan and A. Tong (!).

vation mérite d'être consignée. Le volume intitulé *Fyak-nin its zyou* est imprimé en signes idéographiques extrêmement cursifs, mêlés de syllabes *fira-kana*, suivant le mode que j'ai expliqué ailleurs, et désigné sous le nom de «*sinico-japonais.*» A part l'intérêt résultant du choix des pensées et des expressions, le lecteur indigène cherche encore dans les recueils de poésies une qualité dont on ferait peu de cas chez nous, mais qui, au Japon, est prisée à un haut degré : je veux parler de la calligraphie. Le recueil des cent poëtes présente, en effet, les plus beaux modèles d'écriture que je connaisse. J'en ai calqué plusieurs pages, qui pourront au besoin donner une idée de l'original.

Mais revenons aux dictionnaires japonais.

A part la valeur historique qu'ont les grands glossaires dont nous venons de parler, ils présentent un intérêt inappréciable pour la philologie. Toutefois, avant de les considérer sous ce nouveau point de vue, il me paraît nécessaire de dire quelques mots de la langue japonaise et de ses affinités avec les idiomes parlés par les nations voisines du Nippon.

La langue japonaise, que des linguistes allemands, pour plus de commodité, ont classée parmi les *isolirenden Sprachen*, constitue, avec le loutchouan, une famille linguistique absolument étrangère quant au fond à la famille chinoise. C'est ainsi que les radicaux des deux langues n'offrent entre eux que de très-rares ressemblances, et que la construction grammaticale est habituellement inverse.

Il y a quelques années, à l'époque où la philologie orientale se bornait à la comparaison des mots, quelques savants, sous prétexte de découvrir les affinités de leurs racines avec celles des diverses langues du globe, Klaproth entre autres, essayèrent de trouver des rapports entre les mots japonais et ceux des divers idiomes des deux mondes. Un très-petit nombre de ces rapprochements présenterait à la

rigueur quelques ressemblances. On pourrait ainsi identifier,
jusqu'à un certain point, les mots suivants :

JAPONAIS :		COMPARAISONS :
Kouro	« noir »	*kara* (en turc).
Ko	« fils »	*ko* (en tchérémisse).
—	»	*ko* (en mongol).
Natsou	« été »	*nasou* (en mongol).
. *Siro*	« blanc »	*sir* (en samoïède).
—	—	*siri* (en kamtchakdal).
Onago	«femme »	*foumagnago* (« mère », en ma-riannais).
Fatsi	« abeille »	*matsi* (en siryèn).
Youkou	« aller, promener »	*yaboukou* (en mongol).
Ki	« arbre »	*ki* (en karaavasse).
Outsoukousiki	« beau, joli »	*outchoukouleng* (en mongol).
Okou	« beaucoup »	*ôka* (en samoïède).
Siro	« blanc »	*sira* (en koïbale).
—	—	*sira* « jaune » (en mongol).
Mougi	« blé »	*bogodaï* (en mongol).
Yoï, yoki	« bon »	*yo* (en madjiar).
—		*eyou. yeg* (en turc).
No	« champ »	*nour* (en tchérémisse).
Outa	« chant »	*outchoun* (en mandchou).
Ké	« cheveu »	*kas* (en samoïède).
Inou	« chien »	*pinou* (en swomi).
Iro	« couleur »	*tchira* (en mandchou).
—	—	*tsir* (en mongol).
Sidzouki	« doux »	*syœskid* (en siryèn).
Ko	« enfant, fils »	*ogo* (en yakout).
—	—	*ogoul* (en ouïgour).
—	—	*oglou* (en turc).
Fosi, hosi	« étoile »	*ousika* (en mandchou).
Iké	« lac, étang »	*erke* (en swomi).
Té	« main »	*tenka* (en aïno).
—	—	*tiré* (en samoïède).
Asa	« matin »	*asi* (en siryèn).
Daké	« montagne »	*dag* (en turc).
Fana, hana	« nez »	*nana* (en esthonien).
Kawa	« peau »	*kabou* (en aïno).
—	—	*kaïvachta* (en samoïède).
Toki	« temps »	*tigan* (en yakout).
Founé	« vaisseau »	*fenhé* (en swomi).
Kotoba	« parole »	כתב « écrire, description » (en hébreu) (!)

On aurait tort, cependant, de tirer de trop grandes conséquences de ces ressemblances. Les idiomes des familles les plus éloignées offrent des rapprochements de ce genre, quand on compare d'un bout à l'autre leur vocabulaire : on ne saurait néanmoins en conclure que ces langues ont puisé leurs mots à une source commune. Le hasard a bien pu donner à certaines racines monosyllabiques semblables le même sens dans deux langues ou familles de langues distinctes. L'abîme qui, aux yeux de Guillaume de Humboldt, sépare la famille indo-européenne de la famille sémitique, n'empêche pas qu'il ne se rencontre certaines coïncidences frappantes entre les radicaux de l'une et de l'autre. L'onomatopée pourrait souvent aussi expliquer les rapports des mots empruntés à des peuples éloignés et sans parenté appréciable.

La nature grammaticale d'une langue, au contraire, présente des garanties généralement assez sûres au philologue qui cherche à grouper les éléments épars de sa science. «On « citerait beaucoup de langues qui ont renouvelé leur voca » bulaire, dit M. Renan, mais bien peu de langues qui aient « corrigé leur grammaire. » Dans les idiomes désignés sous le nom collectif de tartares ou de touraniens, les vocabulaires ne présentent, pour la plupart, qu'un nombre fort restreint d'affinités; tandis que la grammaire se signale toujours et partout par des procédés identiques de syntaxe ou de phraséologie.

Ceci admis, avec Abel Rémusat, le japonais, isolé par Klaproth de toutes les familles linguistiques, vient prendre place parmi les langues tartares, à côté du mandchou, du mongol, du tibétain. Par sa construction phraséologique rigoureusement inverse, il se distingue du chinois et s'allie intimement aux langues que je viens de citer. Il s'unit également à celles-ci par l'emploi des postpositions comme seuls agents de la déclinaison; par la place qu'occupe invariablement le qualificatif avant l'objet qualifié, le génitif avant le nominatif, le régime avant le verbe. La formation des comparatifs par la seule addition d'une particule ablative ayant le sens du latin « *ex* » ou de l'anglais « *from* » à l'objet comparé, sans que l'adjectif, porté à un degré supérieur, modifie en quoi que ce soit sa forme primitive; l'intercalation de la négation entre la racine verbale et la désinence de la conjugaison, — ou autrement dit l'existence d'une conjugaison pour le négatif, s'adjoignant à des radicaux dès lors invariables;—la construction du verbe enfin, à l'aide d'un auxiliaire unique joint à toutes les racines de la langue susceptibles de prendre une acception verbale ; tels sont les points de contact les plus saillants qui donnent, à mes yeux, à la langue japonaise des titres incontestables de parenté avec la famille tartare.

On ne saurait cependant placer le japonais aussi près d'aucune langue tartare que le sont vis-à-vis l'un de l'autre le mandchou et le mongol, par exemple, malgré leurs différences. La langue ancienne respire une gracieuse simplicité, et, si l'on voulait me permettre cette expression, une sorte de fraîcheur qui semble éternellement refusée aux idiomes touraniens de l'Asie centrale. Ces caractères, il est bon de l'ajouter, paraissent d'autant plus frappants qu'on se reporte à une époque plus reculée. Le phonétisme de la langue yamato en outre, diffère assez sensiblement du phonétisme tartare. Les agrégations de consonnes y sont extrêmement rares, et la seule consonne finale des syllabes et des mots est une sorte d'*n* nasal qui a dû se prononcer distinctement *ng* dans l'antiquité. Le *k*, le *t*, et quelques autres consonnes que l'on rencontre à la fin des syllabes dans les transcriptions latines de mots japonais, sont toujours accompagnées d'un son *ou* bref, dont il est nécessaire de tenir compte; et ce serait à tort que l'on prétendrait que les Japonais ont écrit *nakou* (ナ ク), *tatsou* (タ ツ), *tsoukourou* (ツ ク ル), parce que l'écriture syllabique ne permettait pas d'écrire *nak*, *tat*, *tsoukr*, la désinence de ces mots renfermant un *ou* bref d'une valeur incontestable en certains endroits. Les consonnes aspirées manquent absolument, et l'*h* ne s'y rencontre que dans certaines provinces où il se confond avec l'*f*, comme dans le mot castillan *hermoso*. Les chuintantes *ch* et *tch* ne se remarquent que dans quelques parties du Japon, et jusqu'à présent il reste des doutes sur leur archaïsme. Enfin la présence de plusieurs voyelles consécutives est très-rare, leur rapprochement ne pouvant se produire d'ordinaire qu'en intercalant entre elles une voyelle transformée en consonne, comme *w* pour *ou*, *y* pour *i*.

Plusieurs époques successives de développement se distinguent dans l'histoire de la philologie japonaise. La première époque est celle de la langue de yamato ou 和語 *yamato otoba*. Cet antique idiome, pur de tout mélange étranger, se distingue surtout par l'absence des labiales, par la stabilité des voyelles, par l'emploi rigoureux des terminaisons grammaticales, et par l'usage de nombreuses particules destinées à se joindre aux différents mots de la grammaire pour en fortifier, pour en préciser la valeur, et souvent aussi pour ajouter à l'harmonie des phrases [1]. La célèbre anthologie intitulée 萬葉集 *Man-yo-siou* « Recueil des dix mille feuilles » est rédigée dans ce style. Je n'ai pu trouver nulle part ce précieux ouvrage ; mais, par des citations que j'en ai rencontré, il m'a été possible de recueillir quelques faits curieux sur la langue de yamato, et surtout un assez grand nombre de mots archaïques dont j'ai enrichi mon dictionnaire.

La seconde époque se signale par l'introduction de mots chinois dans la langue japonaise, où ils pénétrèrent en foule avec la doctrine de Confucius et les écrits de son Ecole. Dès lors, la langue japonaise perd son antique simplicité, son phonétisme brillant et sonore, pour s'enrichir, il est vrai, d'un courant considérable d'idées nouvelles.

La troisième époque date de la seconde moitié du sixième siècle, c'est-à-dire des prédications du Bouddhisme au Japon. Avec la foi de Sakya-mouni, les bonzes répandirent des mots indiens qui se conservèrent jusqu'à nos jours parmi le peuple, et surtout dans les couvents et les pagodes. Une écriture dérivée du *déva-nâgari*, et ressemblant assez au caractère *landza*, tendit à se propager en même temps au Japon, mais son usage ne paraît pas s'être étendu au-delà de quelques livres religieux. .

Enfin les Européens, et surtout les Hollandais, par leurs rapports commerciaux avec les habitants de Naga-saki, ont contribué à ajouter à la langue japonaise un troisième élément étranger. Quelques mots, tels que *tabako*, *kapitan*, etc., trahissent au premier coup d'œil leur origine occidentale.

Telle qu'on la parle aujourd'hui, la langue japonaise est un composé de mots indigènes et d'une quantité innombrable de mots, de locutions et d'idiotismes chinois. La littérature elle-même a été envahie par l'élément étranger ; et, à part quelques drames ou poésies rédigés dans la langue antique de yamato, il y a bien peu de livres japonais où les expressions et les caractères idéographiques de la Chine ne soient répandus en profusion. De là vient que l'intelligence des monuments écrits du Nippon est absolument refusée à quiconque ne possède pas certaines notions sur l'écriture figurative du Céleste-Empire ; ce qui ne veut pas dire toutefois que les sinologues soient à même d'interpréter quoi que ce soit des ouvrages japonais sans s'adonner à de nouvelles études.

II

Les dictionnaires japonais-chinois et chinois-japonais présentent, à part l'explication réciproque des mots des deux langues, un autre genre d'intérêt pour la philologie, qui m'a paru digne de la plus sérieuse attention. Je veux parler de la notation phonétique des sons propres aux signes figuratifs de la Chine.

La prononciation que nous attachons habituellement en Europe aux signes chinois, d'ailleurs assez défectueuse, ne saurait répondre longtemps aux exigences de la philologie et de la linguistique comparées. Les caractères les plus essentiels du phonétisme chinois y sont effacés, et la nature même des sons y est altérée de la manière la plus regrettable.

Or, il arrive que les Japonais nous ont conservé, dans leurs lexiques, la prononciation qu'avaient les signes chinois sous trois dynasties, sous les Han (de 202 avant notre ère à 264 de Jésus-Christ), sous les Ou (de 220 à 264 de Jésus Christ), et sous les Thang, (de 618 à 906). Ces prononciations, si on les compare à celles des mots chinois dans le Kouang-toung et dans le Foh-kiên, offrent de singulières similitudes, qui sollicitent le philologue à considérer ces deux dialectes de la langue chinoise comme ayant conservé de nombreux caractères d'archaïsme effacés dans le *kouân-hoa*, dans le dialecte de Nan-king et dans le dialecte de Péking. Cette présomption devient une certitude, lorsqu'on étend les comparaisons à la prononciation des mots chinois en Corée et dans l'Annam. Avec de tels instruments de travail, dont la portée n'avait pas été signalée jusqu'à présent, on est en droit d'espérer que désormais il sera possible de retrouver les anciennes prononciations des signes figuratifs ; et, grâce au secours des vocabulaires des Japonais, on pourra étendre le nombre de ces restitutions à *la totalité* des monosyllabes chinois.

J'ai relevé plusieurs tableaux synoptiques de ces prononciations ; aussi puis-je espérer d'être à même de rédiger bientôt un mémoire qui élucidera, je l'espère, l'utile et très-intéressante question du phonétisme comparé des dialectes chinois.

Parmi les sources purement lexicographiques auxquelles il m'a été donné de puiser, je dois mentionner surtout trois ouvrages : Le premier appartient à la Société royale asiatique et est intitulé : 森羅萬象要字海 *Sin-ra-man-zô-yô-si-kaï*. C'est un très-fort volume grand in-8°, qui renferme un vocabulaire accompagné de cartes de Yéso, de Ohosaka, du Nippon, de Péking, et d'une suite de documents encyclopédiques sur le Japon. Le vocabulaire comprend approximativement 16,000 mots ou locutions expliquées par des équivalents en caractères chinois tant cursifs que réguliers. Les mots japonais disposés suivant l'ordre du syllabaire y sont écrits en *fira-t na*; et lorsque ces mots sont de provenance chinoise, leur synonymie purement japonaise figure en lettres *kata-kana*, à côté de leur valeur en signes idéographiques de forme carrée.

Le second vocabulaire dépend de la collection du Musée britannique; il porte le titre de 増字以呂波韻 *So-zi I ro-fa-in*. Le japonais, servant d'interprétation aux signes chinois qu'il suit, détermine l'ordre syllabique de l'*iroja* dans ce curieux dictionnaire, qui est rangé d'ailleurs d'après le système des rubriques ordinairement en usage dans les lexiques japonais. Le livre est daté de 1685, et se compose de trois petits volumes in-8°.

Le troisième vocabulaire enfin est conservé à l'*East-India House*, et s'intitule : 増補箭用集大全 *Zo-bou sets-yô syou daï-zen*. C'est un volume in-4°, disposé sous diverses rubriques suivant l'ordre habituel, avec des synonymies chinoises analogues à celles du premier des lexiques dont nous venons de parler.

Dans un mémoire publié en 1858, dans le recueil de la

Société asiatique, j'ai essayé de fournir des éclaircissements sur la disposition des dictionnaires japonais et sur la manière suivant laquelle on peut en faire usage. Je me bornerai donc à mentionner ici la nature des mots que j'ai pu leur emprunter, et surtout ce que j'ai dû rechercher ailleurs. Ces dictionnaires, fort étendus, il est vrai, et souvent même rédigés avec un soin et une érudition dignes des plus grands éloges, ne renferment cependant pas tous les mots que les Européens adonnés à l'étude des sciences et de la littérature des Japonais auraient besoin d'y rencontrer. De ce nombre sont les expressions qui se rattachent à la religion et à la philosophie, à l'histoire et à la géographie, aux sciences exactes, naturelles et médicales, aux arts, à l'industrie et au commerce. Grâce aux nombreux matériaux que j'ai pu recueillir, je me suis trouvé à même de composer plusieurs vocabulaires spéciaux ou techniques, que j'ai fondus dans le corps de mon dictionnaire. Je vais faire connaître rapidement la nature de ces importantes additions, en parcourant l'une après l'autre les principales sections que les lexicographes japonais ont adoptées pour le classement des mots de leur langue.

La nomenclature géographique du Japon, bien qu'assez étendue dans les vocabulaires indigènes, est cependant loin d'y être complète. J'ai relevé en caractères chinois et japonais la plus grande partie des noms que j'ai rencontrés sur plusieurs belles cartes originales de la collection du Musée britannique, et je les ai réunis à un petit glossaire de géographie japonaise que j'avais entrepris à Paris, avant la mission que vous avez bien voulu me confier.

Les cartes géographiques japonaises du Musée britannique dont j'ai surtout fait usage sont les suivantes :

N 1. — *Nippon kok dai-yé-dzou.* Grande carte illustrée de l'empire japonais. Une longue feuille double coloriée.

Les noms en caractères chinois *kiaï-chou.* On y rencontre un index des noms de province, et une table des distances pour la navigation. L'orientation y est indiquée d'une manière inexacte.

N° 2. — *Daï-Nippon-no dzou-kan.* Carte du grand empire du Japon. Une feuille sans date.

Cette carte est écrite en caractères chinois cursifs, et paraît ancienne.

N° 3. — *Kyô daï-yé dzou.* Grande carte illustrée de la ville Myako. 1686. Une très-grande feuille coloriée.

En chinois et en *fira-kana.* Elle forme en quelque sorte le pendant de la carte n° 4, et renferme plusieurs index.

N° 4. — *Yédo go-daï-yé-dzou.* Grande carte impériale illustrée de la ville de Yédo. 1689. Une très-grande feuille coloriée.

Magnifique carte en caractères chinois et en *kala-kana,* avec vue des monuments publics en leur lieu et place, armoiries, armes, etc. Cette carte renferme plusieurs précieux index avec transcriptions en *fira-kana* des noms écrits en chinois.

N° 5. — *Zô-bô-Yédo-no-dzou.* Plan de la ville de Yédo, enrichi d'additions.

Date de la 9° année de l'ère impériale *Yen-fô* (1687). Une feuille.

N° 6 — *Zô-bô-Oho-sa a-no-dzou.* Plan de la ville d'Ohosaka, enrichi d'additions. Sans date. Une feuille.

On trouve sur cette carte, outre un tableau des distances, l'usage des signes de conventions analogues à ceux qu'on emploie sur nos cartes pour indiquer et distinguer les villes, les villages, les bourgs, les hameaux, etc.

N° 7. — *Oho-saka daï-yé-dzou.* Grande carte illustrée de la ville d'Ohosaka. Datée de la douzième année de l'ère impériale *Gen-rok* (1699). Une grande feuille.

Caractères chinois. Index des distances.

N° 8. — *Fi-tsiou Naga-saki-no-dzou.* Plan de la ville de Nagasaki, dans la province de Fizen. 1778. Une feuille.

Caractère chinois. On y trouve un tableau des distances.

N° 9. — *Naga-saki-yé-dzou*. Carte illustrée de la ville de Nagasaki. Sans date. Une longue feuille coloriée.

Cette carte renferme, en caractères chinois et en *fira-kana*, un nombre peu considérable de noms. On y trouve des costumes d'étrangers et un index des distances qui séparent le Japon des pays voisins.

Enfin, j'ai commencé un vocabulaire géographique du *Nippon-wô-daï-itsi-ran* (Annales du Japon), ainsi que le dessin de plusieurs cartes, qui m'ont également paru indispensables pour l'étude de l'histoire.

Les livres et documents relatifs à la religion et à la philosophie des Japonais ne m'ont pas été d'une moindre utilité que les précédents.

Il existe au Japon, ainsi que j'ai déjà eu occasion de le dire, une littérature bouddhique extrêmement riche ; mais l'interprétation des curieux monuments qui la composent nécessite une étude particulière, d'autant plus difficile que la plupart des dictionnaires japonais-chinois et la totalité des vocabulaires japonais-européens omettent, à quelques expressions près, tous les mots de provenance indienne. J'ai donc été heureux de pouvoir recueillir un millier d'expressions japonaises bouddhiques que je suis parvenu généralement à expliquer, grâce aux importants travaux que l'orientalisme doit à deux de ses plus illustres membres, Eugène Burnouf, et M. Stanislas Julien. Ces mots, introduits dans mon dictionnaire, faciliteront considérablement la lecture des livres relatifs à la doctrine de Sakya-Mouni, que les moines des innombrables bonzeries japonaises accumulent avec ardeur depuis plus de mille années consécutives.

Les ouvrages bouddhiques que j'ai pu consulter m'ont en outre permis de prendre connaissance d'une écriture indienne d'origine, répandue parmi les bonzes, et employée pour écrire certains textes religieux. Les caractères de cette écriture, que j'ai déjà mentionnés ci-dessus, sont appelés *bon-zi*, et se rapprochent assez, quant à la forme, des lettres usitées au Tibet sous le nom de *landza*. Comme ces dernières, ils proviennent de l'écriture sacrée de l'Inde ou *déva-nâgari*.

Puisque je suis amené à parler de l'écriture au Japon, je dois vous signaler une intéressante découverte que j'ai faite dans les précieuses archives de la Société royale asiatique de la Grande-Bretagne. Il s'agit d'un document entièrement écrit en *hiéroglyphes japonais*. L'existence d'une écriture figurative au Japon à une époque évidemment antérieure à l'introduction des caractères chinois est un fait qui mérite une attention toute particulière. Les signes que renferme le le document en question semblent, en partie du moins, idéographiques : leur disposition et la répétition assez fréquente de plusieurs d'entre eux semblent indiquer qu'ils pouvaient être lus d'une manière continue. J'ai dessiné avec la plus scrupuleuse exactitude un fac-similé de cette inscription, et je me propose de la publier aussitôt que j'en trouverai le loisir, et que j'aurai pu me procurer certains renseignements qui me manquent sur son histoire et sur celle des caractères qu'elle renferme.

Les documents historiques dont j'ai pris connaissance, sauf quelques ouvrages de pure chronologie, ne roulent pas sur l'histoire générale du Japon. Ce sont des chroniques, ou bien des monographies de provinces ou de villes. Un de ces ouvrages, qui m'a paru surtout présenter de l'intérêt, est intitulé : 平家物語 *Feï-ké mono-gatari*, «Histoire de la maison de Feï-ké». Un célèbre sinologue anglais, M. Medhurst, a assez étrangement rendu ce titre [1], d'ailleurs facile à expliquer, par ces mots : «*A Discourse on the arrangement*

---

[1] Dans le mss. intitulé : *Catalogus van eene japansche verzameling*, 1 vol. in-f°, précédé d'une préface par Overmer Fischer et accompagné d'une version anglaise par Medhurst, ainsi que de nombreuses additions par ce savant.

of family affairs ; a novel with plates(!) » L'ouvrage renferme le récit des guerres et dissensions intestines causées par suite de la rivalité des deux illustres maisons de *Feï-ké* (ou *Taira*; et de *Gen-si* (ou *Mina-moto*). Ces deux célèbres familles, l'une et l'autre de la race des Mikado ou souverains-pontifes du Japon, n'eurent de repos que lorsque celle des Gen-si eut dominé sa rivale et l'eut anéantie. Un seul jour, le vingt-quatrième du troisième mois de l'an 1185, suffit pour ruiner à jamais les espérances des Feï-ké. Attaqués vigoureusement par Yosi-tsouné, prince de Noto, et abandonnés de leurs alliés, ils se battirent en désespérés, et à la fin de la journée le dernier du nom était tombé sur le champ de bataille.

Le second ouvrage historique que j'ai à mentionner porte pour titre : 太 平 記 *Daï - feï - ki* « Histoire de la grande paix [1] ». Ce titre paraîtrait assez paradoxal, puisque le livre parle de guerre presque d'un bout à l'autre, si on n'ajoutait que, pour suppléer à la pensée de l'auteur, il faut traduire ce titre par « Histoire de la grande paix finalement recouvrée ». Cet ouvrage, fort estimé au Japon, renferme le récit très-détaillé des événements qui ont signalé la tourmente politique du règne de Daï-go II et le morcellement de l'empire par suite de la création de deux gouvernements, désignés sous les noms de cour du Nord (*fok-tsyô*) et de cour du Sud (*Nan-tsyô*) [2]. J'aurais entrepris la traduction au moins de quelques livres de cet ouvrage, si un tel travail n'était prématuré. Nous sommes encore trop peu au courant des hommes et des choses de l'Extrême-Orient pour qu'il nous soit donné de suivre facilement et avec tout l'intérêt

---

[1] Le savant M. Medhurst n'a pas saisi le sens de ce titre, en le traduisant par : « *A record of peaceful times.* » Ce serait comme si un étranger s'avisait d'appeler une histoire de Napoléon Ier, se terminant par « la paix de 1815 » : « Histoire des temps de paix (!) »

[2] L'ensemble des événements développés dans le *Daï-feï-ki* est compris entre les années 1320 et 1393.

désirable des chroniques de la nature du *Dai-feï-ki*. Je ne renonce cependant point à traduire un jour quelques fragments de cet ouvrage pour en donner une idée aux orientalistes.

III

Les sciences naturelles, surtout la médecine et la phytologie, sont cultivées avec beaucoup d'ardeur au Japon. On rencontre, dans cet empire non-seulement une foule d'ouvrages consignant les observations des indigènes, mais encore des traductions des principaux écrits européens traitant de ces matières. La plupart des préjugés et des idées superficielles de la science chinoise y ont fait place aux théories fortes et sérieuses de la science occidentale, et, à des doctrines sans avenir, a succédé un enseignement solide et progressif. C'est ainsi que pour la botanique, par exemple, les naturalistes japonais les plus éclairés ont mis de côté la classification si défectueuse des anciens *pen-tsao*, et ont adopté le système incomparablement supérieur de Linné. On m'a même affirmé que la Méthode naturelle de Jussieu était connue au Japon, et que plusieurs botanistes d'Owari avaient classé leur herbier dans l'ordre des *Genera plantarum* d'Endlicher. Cette assertion n'aurait du reste rien d'étonnant de la part de naturalistes d'Owari, car plusieurs d'entre eux ont étudié la physiologie végétale aux leçons de M. von Siebold, et la Société botanique qu'ils ont fondée ne néglige rien pour se tenir aussi bien que possible au courant des principales publications européennes de nature à les intéresser.

Ce qui a le plus contribué à arrêter les progrès de la botanique chinoise et japonaise, ce qui nous a empêché de connaître d'une manière satisfaisante les nombreuses espèces de la flore de l'Extrême-Orient, c'est surtout la difficulté qu'on a éprouvé jusqu'à présent à établir une concordance entre la nomenclature usitée dans ces contrées et dans les

nôtres. Il m'a donc paru extrêmement désirable de rechercher les moyens de combler cette lacune ; et un des résultats les plus immédiats de la mission que vous avez bien
voulu me confier aura été de dresser une longue liste de synonymies qui me permettent d'affecter, dans mon dictionnaire, une place aussi large qu'utile à la terminologie botanique.

Voici les procédés qu'il m'a fallu employer pour parvenir
à ce but. J'ai recherché avec soin les collections de plantes
sèches conservées dans les dépôts publics et particuliers
où il m'a été possible d'avoir accès, et j'ai relevé ponctuelle-
ment la liste de tous les végétaux qui se trouvaient accompagnés des noms japonais ou chinois. J'ai relevé de **même**
les noms indigènes des plantes reproduites dans plusieurs
recueils imprimés et manuscrits qui, par la finesse du dessin et la précision du coloris, m'ont paru présenter les
garanties voulues d'exactitude. Élève d'un illustre botaniste
français, dont la science regrettera longtemps la perte,
Adrien de Jussieu, j'ai conservé le souvenir d'un assez
grand nombre de plantes et de leur dénomination linnéenne.
Je me suis donc trouvé à même d'établir ainsi une liste étendue de synonymies japonaises-latines par l'examen des
échantillons et des peintures. Le concours de plusieurs
hommes spéciaux, et notamment celui du docteur Bennett,
botaniste aussi aimable qu'éclairé, m'a permis d'étendre le
nombre de mes identifications et de confirmer les synonymies
que j'avais établies par moi-même. J'ose donc espérer que le
vocabulaire de botanique japonaise dont j'ai rencontré les
principaux éléments en Angleterre, et que je compte publier
très-prochainement sous le titre de *Catalogus plantarum in
Japonia sponte nascentium*, répondra, dans une certaine
mesure, aux vœux des savants qui réclament depuis longtemps un vocabulaire botanique des flores de la Chine et des
îles de l'Extrême-Orient.

Afin de bien faire comprendre la nature et l'utilité des synonymies que j'ai relevées, il m'est nécessaire de dire quelques mots de la nomenclature botanique des Japonais, et tout d'abord des traités de phytologie en usage parmi eux.

Le plus ancien traité d'histoire naturelle répandu au Japon est un ouvrage chinois rédigé par Li Chi-tchin, de Ki-yang, et publié après sa mort par son fils Li Kièn-youèn, en 1596 de notre ère, sous le titre de 本 草 綱 目 *pen tsao-kang-mou* (jap. *Hon-zô kô-mok*). Le but principal de cet ouvrage était de faire connaître les principaux produits des trois règnes, dans l'intérêt des sciences médicales. Le titre seul de ce livre rappelle combien l'étude de la botanique remonte à une haute date chez les Chinois. Les mots *pen-tsao* (jap. *Hon-zô*), qu'on traduit aujourd'hui librement par « Histoire naturelle », formaient le titre d'un ouvrage longtemps célèbre en Chine et attribué à l'empereur Chin-noung, souverain semi-historique, dont on porte l'avénement à 3,218 ans avant notre ère.

Le *Pen-tsao* de Li Chi-tchin comprend quinze sections. Les trois premières sont consacrées à l'eau, au feu et à la terre ; la quatrième aux métaux et aux pierres ; la cinquième et les suivantes jusqu'à la neuvième aux plantes ; la dixième aux insectes ; la onzième aux animaux à écailles (dragons, crocodiles, serpents, poissons, etc.) ; la douzième aux animaux à carapace et à coquille ; la treizième aux oiseaux ; la quatorzième aux quadrupèdes et enfin la quinzième à l'homme. Les subdivisions tendent à détruire l'idée assez avantageuse qu'on pourrait se former de ce livre, si l'on considérait seulement l'ordre des sections énumérées ci-dessus. Dans la partie botanique, par exemple, les plantes sont classées : 1° en plantes proprement dites ou herbacées ; 2° en céréales ou graminées ; 3° en plantes d'ornement (y compris les cucurbitacées, les végétaux aquatiques, etc.) ;

4° en arbres à fruits et arbustes, en arbres ou végétaux li-
gneux, etc.

Telle est la méthode naturelle qui s'est maintenue, autant
que je sache, sans conteste au Japon jusqu'à l'arrivée des
Hollandais. Depuis cette époque, les livres européens, introduits parmi les savants du Nippon, ont contribué à modifier
sensiblement leurs idées sur la classification des espèces. Aujourd'hui, comme nous avons déjà eu occasion de le dire, les
systèmes admis parmi nous commencent à être adoptés par
plusieurs écoles de naturalistes japonais.

La nomenclature botanique japonaise, comme la nôtre,
est double ; c'est-à-dire que pour un grand nombre de genres
et d'espèces, il y a un nom populaire indépendamment du
nom scientifique. A notre terminologie latine, répond là-bas
une terminologie chinoise ; à nos dénominations vulgaires,
correspondent des noms purement japonais, mais auxquels
on ne reconnaît pas une valeur technique. Il en est résulté que,
pour établir une concordance entre la langue scientifique et
la langue commune, les indigènes ont rédigé des vocabulaires bilingues, à l'aide desquels sont fixées les synonymies.
Grâce à ces précieux ouvrages, non seulement nos identifications de noms de plantes japonaises nous fourniront l'intelligence des traités de phytologie publiés au Japon, mais encore elles nous mettront à même d'aborder, avec les connaissances nécessaires, les innombrables écrits chinois consacrés à l'étude et à l'exploitation des trois règnes de la
nature.

Je n'ai pas rencontré, à beaucoup près, pour les autres
branches de l'histoire naturelle, les mêmes ressources que
pour la botanique. J'ose cependant affirmer que les noms
d'animaux dont j'ai pu découvrir la synonymie européenne
tiendront plus de place dans mon Dictionnaire que dans la
plupart des lexiques publiés jusqu'à ce jour, pour les principales langues orientales. Pour l'ichtyologie, par exemple, une

source précieuse s'est offerte à moi au Musée britanique. C'est
une collection de poissons peints avec une admirable finesse
et accompagnés des noms techniques. Je suis parvenu à
établir, grâce à cette ressource, mes synonymies ichtyolo-
giques par le même procédé dont j'ai parlé plus haut à propos de la botanique, mais je n'ai pas été aussi heureux, une
partie des figures ayant paru, aux naturalistes qui ont bien
voulu m'éclairer de leurs conseils, représenter des espèces
nouvelles et non encore nommées. Enfin j'ai recueilli, bien
que dans une proportion beaucoup moins considérable, des
synonymies de noms de mammifères, d'oiseaux, d'insectes,
de reptiles, de crustacés, etc.

Les dictionnaires, et quelques autres ouvrages japonais
que j'ai eus entre les mains, m'ont également permis d'enrichir mon travail d'un assez grand nombre de locutions pro-
verbiales et d'idiotismes très-utiles à connaître, surtout pour
l'intelligence de la littérature légère. J'ai seulement eu à re-
gretter que, pour des choses aussi difficiles à comprendre que
le sont des adages ou autres formules populaires, les lexicographes indigènes soient presque toujours excessivement
sobres d'explications.

Il est temps de me résumer. J'aurais sans doute encore
beaucoup à dire, si je devais parler de toutes les sources où
j'ai puisé des faits qui, bien que souvent isolés, n'en étaien
pas moins précieux pour moi. L'étendue déjà trop considérable de ce rapport m'oblige à remettre à une autre occasiou
ce que j'avais à mentionner des riches documents que j'ai
pu compulser. Je me bornerai donc à ajouter quelques observations sur mon Dictionnaire, considéré dans ses rapports
avec les lexiques indigènes.

Au point de vue du nombre des mots ou locutions qu'ils renferment, les principaux lexiques japonais-chinois parvenus jusqu'à nous peuvent être classés ainsi qu'il suit :

Wa-kan won-sek Syô-gen-zi-kô,	25,000 mots.
Te-fiki sets-yô-siou daï-zen,	25,000 »
Sin-ra man-yô-zô-zi-kaï,	16,000 »
Boun-kan sets-yô-tsou-bô-zô,	15,000 »

Mon Dictionnaire, qui n'était guère composé primitivement que des mots renfermés dans le *Syô-gen-zi-kô,* contiendra, aussitôt que j'aurai achevé d'y fusionner mes nouvelles acquisitions, environ 45,000 articles, pour lesquels 30 à 35,000 forment le matériel proprement dit du langage. Le reste appartient à la religion, à la géographie, à l'histoire, aux sciences naturelles, aux arts, à l'industrie, etc.

Je vous demanderais la permission, Monsieur le Ministre, de vous faire observer que ces chiffres l'emportent notablement sur ceux qui pourraient résulter du recensement des plus considérables vocabulaires rédigés il y a plusieurs siècles par les Jésuites portugais et espagnols au Japon, si la méthode suivant laquelle j'ai composé mon Dictionnaire ne me dispensait d'établir ce parallèle. Pour plusieurs graves raisons (entre autres à cause de l'absence des signes idéographiques), j'ose affirmer que les vocabulaires rédigés par les Pères Jésuites *ne fournissent aucunement les moyens d'étudier la littérature japonaise, et qu'avec leur seul secours nul orientaliste ne parviendra à comprendre et à traduire la moindre page d'un livre rédigé au Nippon.*

Le seul vocabulaire japonais dont il soit possible de faire usage jusqu'à présent, celui que M. Gochkiévitch a publié en russe, et que l'Académie impériale des sciences de Saint-Pétersbourg a bien voulu soumettre officiellement à notre jugement pour le concours Demidoff, ne renferme qu'environ 18,000 mots. Le *Vocabulary* de M. Medhurst ne contenait que 6,500 mots, et encore le choix en était-il souvent des plus médiocres. On sait d'ailleurs qu'à l'exception de trois ou quatre orientalistes en Europe qui se sont formés, pour leur propre usage, un dictionnaire d'après les sources originales, les moyens d'étude ont absolument fait défaut à tous ceux qui ont tenté d'aborder l'interprétation des textes japonais, voir même à Klaproth, à Abel-Rémusat, etc.

Je n'ajouterai plus qu'un mot, sur lequel je ne saurais trop insister. Il est une condition rigoureusement indispensable pour qu'un Dictionnaire japonais réponde aux besoins de la science, et conduise sûrement à l'intelligence des textes : il faut qu'il soit rédigé d'après les sources originales, et renferme — sinon les caractères syllabiques japonais dont on peut se passer — du moins *les signes idéographiques dont la présence est* DE LA PLUS ABSOLUE NÉCESSITÉ. C'est en m'appuyant sur ce principe que je compte faire paraître le Dictionnaire auquel j'ai déjà consacré près de sept années de recherches pénibles et laborieuses.

J'espère, Monsieur le Ministre, vous avoir suffisamment démontré l'importance des acquisitions que je dois au voyage que j'ai entrepris sous les auspices du Ministre de l'Instruction publique et des Cultes, et les fruits qui en résulteront pour la science, si je parviens à achever heureusement mon œuvre et à la mettre entre les mains des orientalistes désireux de s'initier aux sciences, aux lettres et aux arts de la nation la plus avancée du monde asiatique.

Veuillez agréer, Monsieur le Ministre, etc.

LÉON DE ROSNY.

PARIS. — DE SOYE ET BOUCHET, IMPRIMEURS, PLACE DU PANTHÉON, 2.

PUBLICATIONS DE M. LÉON DE ROSNY

INTRODUCTION A L'ÉTUDE DE LA LANGUE JAPONAISE. *Paris*, 1856. In-4 avec sept planches. Exemplaire sur fort papier vergé, 25 f. et sur papier glacé. 20 fr.

MANUEL DE LA LECTURE JAPONAISE, à l'usage des voyageurs et des personnes qui veulent s'occuper de l'étude du japonais. *Amsterdam*, 1859 ; in-12. 3 fr.
Edition hollandaise, in-12. 2 fr.

ÉCRITURES FIGURATIVES ET HIEROGLYPHIQUES DES DIFFÉRENTS PEUPLES ANCIENS ET MODERNES. *Paris*, 1860. In-4 avec dix planches en noir et en couleur. 15 fr.

Sous presse :

ÉTUDES ASIATIQUES DE GÉOGRAPHIE ET D'HISTOIRE. 1 fort vol. in-8.
A GRAMMAR OF THE CHINESE LANGUAGE. Imprimé à Londres. 1 volume grand in-8.

En préparation :

CHI-KING, OU LIVRE DE VERS ET DU CHANT POPULAIRE DE LA CHINE ANTIQUE, traduit pour la première fois en français, accompagné d'un commentaire perpétuel de mots, et précédé d'un Mémoire sur l'état primitif de l'empire chinois.

PARIS. — DE SOYE ET BOUCHET, IMP., PLACE DU PANTHÉON 2

PARIS. — DE SOYE ET BOUCHET, IMP., PLACE DU PANTHÉON, 2.